Steffi Neu

Neulich
am Niederrhein

Mercator

Impressum

Redaktion: Valerie Hetges
Coverfoto: Linda Meiers Fotografie
Coverrückseite: Amy Reed
Fotos S. 4, 15, 17, 29, 46: Steffi Neu
Alle anderen Fotos und Bildunterschriften: Christian Behrens
Layout: Typometris GmbH, Münster
Druck: LUC Medienhaus, Greven

Bibliografische Informationen der Deutschen Bibliothek:
Die Deutsche Bibliothek verzeichnet diese Publikation
in der Deutschen Nationalbibliografie;
detaillierte bibliografische Daten sind im Internet über
http//dnb.dnb.de abrufbar.

ISBN 978-3-946895-18-3

Inhalt

Vorwort

Ich lebe am Niederrhein. Immer noch. Und nach dem »Kindsein am Niederrhein« gibt es nun »Neulich am Niederrhein«. So heißt auch meine Rubrik in der NRZ-Beilage »Heimat am Niederrhein«. Seit vielen Jahren darf ich hier Kurzgeschichten schreiben: Über Dinge, die passieren, die passiert sind, die wertig für mich sind und sicherlich auch für Sie. Und über meine Familie, die Kinder, die in den ersten Kolumnen gerade geboren waren und mittlerweile Teenager sind.

Das kleine Buch für's Gästeklo. Sage ich immer, und finde das überhaupt nicht despektierlich. Ganz im Gegenteil. Mit einem Lächeln nach Kurzweil zurückzukommen zu den anderen, vielleicht inspiriert vom ein oder anderen.

Ich wünsche Ihnen eine heitere Zeit beim Lesen.

Das Glück liegt auf dem Weg nach Haus'.

Ich weiß, wann in welchem Dorf im Kreis Kleve Kirmes ist. Das weiß ich deshalb, weil es früher immer eine Kirmesdisco zur Kirmes gab. Im August in Grieth bei Kalkar und in Schneppenbaum bei Bedburg-Hau, im September in Neulouisendorf, eine Woche später in Louisendorf, im Oktober bei uns im Dorf und eine Woche später ein Dorf weiter. Im Sommer ist auch immer die Kirmes in Wissel, die in Kessel bei Goch, im Herbst hingegen die in Asperden bei Goch. Die in Uedem wird »Fliegenkirmes« genannt, weil von da an angeblich die Fliegen weg sind.

Über die Dörfer

Unsere Dorf-Teenager-Regel war: Wenn die Kirmeszeit mit Disco im Zelt anfängt, dann ist der Sommer vorbei. So habe ich mir das eingeprägt. Wobei: Die Kirmessen in Materborn (Kleve) und in Kalkar sind immer in den Sommerferien.

Wer mit dem Mofa zum Beispiel nach Grieth zur Kirmes wollte, hat sich eine lange Fahrt vorgenommen: Am besten gurkst du von Louisendorf über Hasselt, geradeaus an Wissel vorbei, dann liegt rechts Grieth. Sich in den Dörfern am Niederrhein auszukennen, ist blanke Zeitersparnis beim Fahren, weil es einfach viele Querfeldeinwege gibt, bei denen jedes Navi passen muss.

Ich bin in Kalkar zur Schule gegangen und dann kamen die Freundinnen aus Wissel, Hanselaer, Hönnepel und Niedermörmter. Einer kam sogar vom Emmericher Eyland. Klingt nach »Gönnekant«, ist aber auf dieser Seite vom Rhein.

Zu kurz gekommen sind in meinen Kreis-Klever-Reiserouten bislang Donsbrüggen, Düffelward, Niel, Mehr und Zyfflich, wobei ich Schenkenschanz wieder ganz gut kenne. Kann man schön mit der Fähre übersetzen. Konnte man, ist auch Geschichte.

Gut ist: In den Dörfern am Niederrhein wird ein Fremder womöglich beäugt, aber es kommt keiner weg. Weil jeder einen kennt, der aus 'nem anderen Dorf kommt und den Weg sagen kann. Und von der Kirmes nach Hause gekommen sind sie meistens alle. Irgendwann.

Die Fetenfiets

Scheunenfete, Kirmes, Karneval, irgendwas: Dafür haben wir 'ne Fetenfiets. Das alte Fahrrad, das ruhig geklaut werden kann, aber nie geklaut wird, weil es ja eine alte Möhre ist. Die Fetenfiets-Kultur in meinem Umfeld ist ausgeprägt. Besonders bei meiner Schwiegermutter. Zu so vielen Partys kann sie gar nicht gehen, wie sie Räder hat oder hortet. Wir haben bei uns zu Hause auch jeder eine Fetenfiets. Als wir vor drei Jahren neue Räder gekauft haben, war völlig klar, dass wir die alten behalten. Weil die nicht für »gut« sind, sondern für nachts durch den Feldweg fahren, ruhig auch mal durch die Furche. Manchmal passieren auch größere Malheure. Zu sehen morgens, wenn in den Speichen die Grasnarbe hängt.

Wenn bei uns nach einer Party nachgekartet wird und einer erzählt: »Mann, mir haben sie gestern Nacht die Fiets geklaut!«, ist die erste Frage: »Warst aber hoffentlich mit der Fetenfiets da.«

Einmal wollte ich nachts von der Kirmes in Uedem nach Hause. War aber ohne Fetenfiets unterwegs, schlimmer noch: ganz ohne. Und da habe ich entschieden, so ein rostiges, unabgeschlossenes Teil, was da am Zaun parkte, auszuleihen. Nur für den Weg nach Hause, wollte es am nächsten Tag wieder hinstellen. Das ist natürlich juristisch nicht sauber, aber nach 15 Bier mitternachts ein mildernder Umstand. War ja auch kein böser Gedanke dabei. Also bin

ich gefahren, aus dem einen Ort raus und über Landstraße zu dem anderen Ort hin. Auf der Strecke dazwischen war es so dunkel, dass ich mehr Schiss hatte als Vaterlandsliebe und bin wieder umgedreht. Habe die geliehene Fetenfiets wieder da hingestellt, wo sie war und mir ein Taxi gerufen. Der Parkplatz für das Rad war genau genommen der Zaun vor Schwiegermutters Fahrradhütte. Hätte alles irgendwie einfacher sein können. Aber so ist das manchmal. Nachts am Niederrhein.

Wie viele Strohköpfe sind Glücksschweine und umgekehrt?

Bei uns auf dem Hof werden die Schweineställe umgebaut. Und über diesen Ställen wird seit Jahrzehnten das Stroh gelagert. Dieser Strohsöller ist für uns Kinder immer gefährlich gewesen, weil der Boden dieses Söllers aus runden Holzbalken besteht. Für alle »Zugezogenen«: Söller bedeutet Speicher. Nur plattdeutsch eingedeutscht. Da sind diese runden Holzbalken, die nebeneinanderliegen, allerdings nicht ganz bündig, manchmal sind Ritzen dazwischen, in die genau ein schmaler Kinderfuß passt. Also hat Papa uns eingetrichtert, dass wir immer

Der Holzweg

quer über den Strohsöller laufen sollen, damit wir nicht reinrutschen. An diese Ermahnung erinnere ich mich besonders gut, als es auf einmal heißt: Wir brauchen kein Stroh mehr, also brauchen wir keinen Strohsöller mehr. Diese Zwischendecke aus runden Holzbalken kommt raus.

Wunderbare Balken, die jahrelang trocken gelagert als Schweinestalldecke und Strohsöllerboden dienten. »Das ist doch prima Holz für den Kamin«, denken wir.

Also wird das Holz in entsprechende Stücke geschnitten, im alten Hühnerstall gelagert und ist fortan unser Kaminholz.

Bis wir nach den ersten gemütlichen Kamin-abenden feststellen, dass es streng riecht. Zuerst denken wir, der Wind stünde ungünstig, passiert halt manchmal in landwirtschaftlich geprägten Wohngegenden. Aber auch bei Windstille, bei Regen und Sturm: Nach Kaminabenden steht ein kalter Schweinestallgeruch in unserem Haus. Bis mein Mann auf den Trichter kommt, dass unser preiswertes Kaminholz zwar jahrelang trocken gelagert wurde, aber seinen Lagerort nicht verleugnen kann. Wir nehmen jetzt wieder anderes. Riecht nach Holz. Und übrigens: In unserem alten Hühnerstall liegt astreines Kaminholz, jemand Interesse …?

Sonntagabend. Im Fernsehen läuft mein heißgeliebter »Tatort«, den ich aber nicht verfolgen kann, weil ich diesen Text schreiben muss. Ich habe den Abgabetermin verpennt, weil ich gewechselt habe! Und zwar zu einem neuen Handy. Meine Zweijahresfrist war bei meinem Anbieter abgelaufen, also dachte ich: Die moderne, emanzipierte, technisch versierte und rund um die Uhr informierte Hammerfrau braucht ein iPhone!

Als das Gerät nach vierwöchiger Verspätung kommt, versuche ich, die Karte in den Kartenschlitz zu stecken. Aber wo ist der Schlitz? Und wie geht der auf? Ich google im Internet und gebe ein: »Karte in iPhone stecken«. Sofort lande ich in einem Forum, in dem einer schreibt: »Wie blöd muss man

sein, um das nicht hinzukriegen!« Ich zucke zusammen. Das scheint eine sehr hilfsbereite Community zu sein, in die ich da geraten bin. Ich muss mir also selbst helfen. Dauert seine Zeit, aber ich kriege es hin. Erster Schritt geschafft. Dann warte ich darauf, dass das Gerät endlich einen Piep macht. Macht aber keinen. Ich rufe bei der Hotline an. Ich solle noch einen Moment warten. Ich warte. Nichts passiert. Ich rufe einen Freund an, der mir sagt, ich müsse das Gerät bei iTunes im Internet registrieren und mich anmelden.

An dieser Stelle wächst mir mein neues Emanzenteil schon über den Kopf. Ich bin genervt. Aber mit der Hilfe von Fachleuten läuft alles rund. Jetzt kann ich Musik runterladen, ich kann online gehen, Nachrichten

Wechsel sei Dank

verfolgen, ich kann Mails schreiben, Mails lesen und auch Mails vergessen. So auch die Mail von Redakteur Ingo, der mir den Abgabetermin geschickt hatte. Dafür habe ich mittlerweile diesen filigranen Handschwung drauf, mit dem man auf der Oberfläche des Gerätes von einer Funktion zur anderen streicht. Ich habe meine Lieblingsmusik von Robbie Williams und Pink installiert und kann jederzeit Musik hören.

Aber dann gibt es ein Problem: Mein iPhone würgt nach einer Minute Telefonate ab. Egal, mit wem ich telefoniere, ob ich angerufen werde oder angerufen habe.

Ich solle das iPhone löschen und wiederherstellen. Wird mir geraten. Wird gemacht. Jetzt ist meine Musik weg und das Problem ist immer noch da. Nach einer Minute ist jedes Gespräch zu Ende.

Jetzt bin ich trotzig und kaufe mir ein Zweithandy. Ein popeliges anderes Handy, in das ich eine zweite Karte stecke und mit dem ich jetzt telefonieren kann. Länger als eine Minute. Die moderne, emanzipierte und technisch versierte Frau hat also jetzt ein iPhone und zum Telefonieren ein Zweithandy. Wechsel sei Dank ...

Der heiße Draht zum großen Star

ie Koffer sind gepackt und ge-
wogen. Also steht einem ent-
spannten Rückflug von Mallorca
nach Hause nichts im Weg. Trotz Billigflieger. Theoretisch. Aber dann merke ich: Mein
Portemonnaie ist weg. Nicht aufzufinden.
Alle Taschen werden durchwühlt, die Auto-
sitze auseinandergerupft, unterm Bett, in
der Küche – keine Chance. Obwohl mein
Portemonnaie knallrot ist, es ist weg. Und
damit mein Personalausweis, den ich dringend brauche, um mit dem Billigflieger nach
Hause zu kommen.

Mir wird heiß und kalt. Kann es sein, dass
die meinen Mann und die Kinder mitneh-
men und ich muss hierbleiben? In diesen
Gedanken kann ich mich so reinsteigern,
dass ich dramatische Filmszenen vor Augen
und Tränen in den Augen habe. Ich rufe zu
Hause an: Meine Mutter soll meinen Reise-
pass kopieren. Der liegt in der obersten
Schublade im Schrank rechts. Hoffentlich.
Sie findet ihn. Die Schwägerin kopiert und
mailt die Kopie an unseren spanischen
Finca-Vermieter. Der hat einen Drucker.
Also fahren wir hin, drucken die Kopie des

Im heimeligen Heimathafen dürfen Himmelsstürmer schlafen.

Nach Hause fliegen!

Reisepasses aus. Damit habe ich immerhin eine grobe Identität.

Dann der verwegene Plan: Nachdem ich am Flughafen bei der Polizei war, um den Verlust zu melden, stellen wir uns am Schalter des Flugunternehmens an. Die Kinder sollen dramatisch traurig gucken, mein Mann hilflos und ich aufgelöst. Einziger Unterschied zwischen uns: Mein Gesicht ist echt. Weil ich mich plötzlich erinnere: Nie habe ich bei dieser Fluggesellschaft das angebotene Mikrowellenessen bestellt, nie ein Parfüm gekauft, geschweige denn ein Rubbellos! Das wissen die bestimmt!

Und dann das Wunder. Sie sagt: »No problem.« Die Frau am Schalter lässt mich ins Flugzeug, ich darf ohne Personalausweis nach Hause. So muss es sich anfühlen, wenn man befreit wird. Irgendwovon.

Zum Abheben gut!

Jetzt noch der Nachspann: Das Portemonnaie von Frau Neu wurde in einem Restaurant gefunden und bei nächster Gelegenheit nach Deutschland gebracht. Mit allem drin und allem dran. Eine gute Geschichte also. Zum Abheben gut!

Der Mirabellenbaum in unserem Garten ist hinüber. Morsch von innen, dazu ein Sturm, da ist er einfach in zwei Teile gebrochen und auseinandergefallen. Welcher Baum soll stattdessen in den Garten? Mit dieser Frage setzen wir uns dann leidenschaftlich auseinander: Apfelbaum? Haben wir genug in der Wiese. Pflaumenbaum? Dann fallen die Pflaumen runter, und die Wespen kommen. Nussbaum? Der braucht so ewig, bis da 'ne Nuss kommt. Ein Olivenbaum? Friert hier kaputt. Ende vom Lied: Eine Weide sei doch schön. Eine Hängeweide, weil die ja der Wappenbaum des Niederrheins ist. Davon bin ich zumindest überzeugt, allerdings auch der Meinung, dass eine Hängeweide einen echt runterziehen kann, weil dieser Baum der optische Beweis für die Erdanziehungskraft ist. Alles zieht so nach unten. So schwer. Passt ja eigentlich auch, ist mein nächster Gedanke. An nebeligen Novembertagen ist dieser Baum die genaue Beschreibung der Gemütsverfassung, die uns Niederrheiner dann umschleicht.

Und ich entscheide für mich: Ich will so einen Depri-Baum echt nicht im Garten haben. Guckst du morgens als Erstes auf dieses hängende Gesicht. Falsch gedacht. Es ist gar nicht die Hängeweide, die unser Wappenbaum ist, es ist ja die Kopfweide. Hab' da die Weiden verwechselt. Und siehe da: Die Kopfweide wächst nach oben, zum Licht und muss regelmäßig beschnitten werden, damit der Kopf nicht Schlagseite kriegt. Die passt schon besser zu meinem Anspruch, einen lebensbejahenden Baum im Garten zu haben. Über dieses Überlegen,

Der auseinandergefallene

Argumentieren und Abwägen hat mein Mann dann eine Idee: Er baut eine Krücke für unseren Mirabellenbaum, weil der zwar auseinandergefallen, aber längst nicht tot ist. Er blüht immer noch und trägt jedes Jahr Früchte. Für meine heißgeliebte Mirabellenmarmelade. Und die ersten fünf Leser, die mir 'ne Mail schreiben, denen schicke ich ein Glas im September. Versprochen.

Mirabellenbaum

Neue Pullover

Er habe keine gescheiten Pullover mehr und müsse unbedingt neue kaufen, sagt mein Mann. Dass er doch stapelweise Pullis im Schrank habe, erwidere ich. Die seien zu klein, zu kurz, zu doof, einfach nicht zum Anziehen, meint er. Also sage ich das, was ich in solchen Situationen immer sage: »Dann miste doch deinen Schrank aus und guck, was übrig bleibt. Dann weißt du auch, was du brauchst.« Ich weiß allerdings, dass mein Mann dann niemals neue Pullis bekommt, weil er einfach keine alten abgeben kann. Sich von alten Kleidungsstücken zu trennen ist für ihn ein emotionales Desaster. Es folgen dann immer Sätze wie: »Den kann ich noch im

Alles muss raus!

Garten anziehen.«, »Der ist gut zum Arbeiten draußen.«, »Der passt demnächst wieder, wenn ich drei Kilo abgenommen habe.« Aussichtslose Situation, bis der grippale Infekt kommt! Ihm ist schlecht, er hat Kopfweh, Gliederschmerzen, er legt sich ins Bett, ist nicht gut zurecht. Meine Chance! Ich packe alle Pullover aus und präsentiere sie meinem maladen, bettlägerigen Gatten. »Ziehst du den noch an?« Ein hüstelndes »nee« kommt aus der Decke. Was ist mit dem, mit dem, mit dem? Er schüttelt den Kopf, kann sich offenbar nicht vorstellen, jemals wieder Pullover zu tragen. Schwuppdiwupp ist der Trennungshaufen groß, mein Mann zu schwach, um sich zu wehren. Ich packe die Pullover in einen großen Sack und bringe ihn gleich weg zur Kleiderkammer, bevor mein Mann spontan geheilt aus dem Bett springt und mich aufhält.

Heute kam er nach dem Aufstehen in die Küche und trug einen schönen roten Pullover! »Riech' mal«, meint er, »der riecht doch total nach Schrank!« »Klar«, sage ich, »der hat ja auch jahrelang drin gelegen, und zwar ganz unten drunter, unter dem Haufen.«

Und noch was: Als ich meinem Mann erzählte, dass er in meiner Kolumne vorkommt, fragte er, welches Thema es denn diesmal sei. »Alles muss raus«, antworte ich. Da werden seine Augen sorgenvoll groß. Und schnell erkläre ich, dass nur seine Pullis gemeint sind.

Das Galakleid

Ich brauche ein Kleid. Ein Galakleid für eine Moderation. Was Schickes, Flottes. Kurz, dunkel, eng, langer Arm, schöner Ausschnitt. So der Plan. Dass ich in einem Abendmodengeschäft ungefähr so gut aufgehoben bin wie Angela Merkel bei der SPD, schicke ich nur zur Kenntnisnahme voraus. Ich also rein in den Laden, und was soll ich sagen: ein Paradies für jede Schützenkönigin samt Gefolge. All die kleiden sich hier offenbar auch ein, wie ich an diversen Beweisfotos im Laden sehen kann. Große Roben mit weiträumigen Gewändern, die beim Anfassen Geräusche machen wie ein ganzer Laubwald. Tüll und Rüsche, Borde und Baumel, oben eng und unten weit, wahlweise mit ausladender Blumenschleife auf dem Po. Das Ganze in dunkelgrün, dunkelrot, dunkelallerhand. Gerne mit Glitzer und Perle. Und dann die Oberweiten! Ich bin beeindruckt, obwohl ich mich obenrum nicht für zu kurz gekommen halte – Sie verstehen.

Spaßeshalber klettere ich in ein Kleid, das mich auf grauselige Art so sehr fasziniert! Hellbeige mit Applikationen und allerhand Federkram am Dekolleté. Die Verkäuferin ruft noch: »Nein, Frau Neu, das ist nichts für Sie!« Und wie ich drin bin und an mir runterschaue, kann ich sogar bis unten gucken. Also von innen drin im Kleid. Ich fühle mich wie Papageno: »Der Vogelfänger bin ich ja, stets lustig, heißa, hopsassa!«

Dieser Ausflug in die Schützenmode bestärkt mich in der Erkenntnis, dass es diese Kleidertradition so lange geben wird, wie es traditionelle Schützenfeste gibt. Und was wird aus dieser Tradition, wenn die Schützenkönigin Hotpants, pinkes Haar und hohe Lackstiefel trägt? Gibt's auch. Die gesunde Mischung von Tradition und Moderne – für jede Frau auf dem Thron eine echte Herausforderung. Ich ziehe meinen Hut vor allen, die sich drauf einlassen und sich durch Papageno-Kleider quälen. Oder es lieben, drinzustecken.

Besudelt von meiner toleranten Erkenntnis kümmere ich mich dann im Laden um mein eigenes Vorhaben. Den schicken Fetzen für die Galamoderation! Ob es so was hier überhaupt gibt? Meine Zweifel werden immer stärker, weil die Abteilung »große Robe« hier doch Überhand zu haben scheint. Aber nein! Die Chefin hat was für mich. Ein Kleid aus der neuen Kollektion von »Germany's Next Topmodel«: dunkelblau, Glitzer, unten kurz, oben lang. Dass vermutlich zwei Models jetzt nackt rumlaufen, damit ein Auslaufmodel ein Kleid anziehen

Was Schickes zum Schützenfest

kann, ist der nächste Gedanke, der mich zum Lachen bringt.

Übrigens: Wenn jemand das liest und braucht was Kurzes, Flottes, Dunkelblaues mit Glitzer für den Thron – nur einmal getragen …

Entschleunigung auf Niederrheinisch

Es gibt Phasen im Jahr, da stellen sich alle Blitzgeräte dahin, wo ich langfahre. Zu schnell natürlich, sonst hätte ich es nicht gemerkt. Und ich gebe zu: Ja, ich gehöre zu denen, die zügig unterwegs sind. Zwar habe ich nicht allzu viele PS unterm Hintern, aber nie Zeit zu verlieren. So ist es eben passiert, dass ich ohne

Der Lappen ist weg

Führerschein dastand. Vor exakt zehn Jahren. Damals bin ich innerhalb eines halben Jahres zweimal böse geblitzt worden. Einmal auf dem Weg von Dortmund nach Hause auf der A42 bei Herne. Das zweite Mal von dieser Blitzarmada auf der Düsseldorfer Flughafenautobahn. Damals holen mein Mann und ich mit dem kleinen Sohn die Schwiegereltern von ihrer Reise ab. Auf dem Rückweg beugt sich Schwiegermutter von hinten zu mir rüber, um spannende Urlaubserlebnisse loszuwerden. Ich höre konzentriert zu, während ich unkonzentriert auf die Schilder gucke und »pling«. Passiert. Das ist dieser Moment, in dem sich am ganzen Körper alle Härchen aufstellen, der Magen in die Schuhe rutscht und kalter Schweiß auf der Stirn steht. Dieser Moment ist nicht schön, aber geht vorbei. Nicht vorbei geht hingegen die Erkenntnis, dass ich den Lappen wohl los bin. Und ich sehe mich vor mir: Mit einem Zweijährigen an der Hand und dann einem Baby im Tragekorb (ich bin schwanger zu dem Zeitpunkt) marschiere ich durch die niederrheinische Landschaft. Nie werde ich diesen Heiligabend-Vorabend vergessen, als mein Mann nach Kleve fährt, um meinen Führerschein abzuliefern. Für meine Geburtstagsparty im Januar haben Freundinnen alle Einkäufe erledigt. Ich selbst steige morgens mit dem Baby in den Bürgerbus, wenn ich etwas besorgen muss. Aber das Schöne an all dem: Ich fahre vier Wochen lang mit dem Zug nach Köln zur Arbeit. Papa holt mich mittags in Kevelaer am Bahnhof ab, und wir gehen noch einen Kakao trinken – mit Schuss. Dieser Schuss macht mich so schicker, dass ich nicht mehr hätte fahren dürfen. Darf ich ja auch nicht … Nach vier Wochen: endlich wieder Autofahren.

Ich bin vorsichtig geworden, gucke genauer auf die Schilder, habe mich ein wenig entschleunigt, weil festgestellt: Wer langsamer fährt, kommt nicht unbedingt später an. In diesem Sinne: Allzeit gute Fahrt!

*E*s geht um Geld. Viel Geld. Ein Euro oder eins fünfzig. Oder sogar zwei Euro? Mein Mann und ich stehen vor der Entscheidung, wie viel Taschengeld es für den siebenjährigen Sohn geben soll. Wir sind Einsteiger in der Szene. Bislang gab's bei uns noch kein Taschengeld, weil nie jemand darum gebeten hat. Da unser Sohn aber regelmäßig Wünsche hat, die von eins fünfzig weit entfernt sind, müssen wir da jetzt ran. Außerdem müssen wir den Kindern ja den Wert des Geldes nahebringen, für das wir hart arbeiten müssen. (Ein blöder Spruch, der sich seit Jahrzehnten wacker hält und der von Kindern heute genauso ernst genommen wird, wie von uns damals. Immerhin haben wir nicht gesagt: Du bekommst jetzt Taschengeld, damit du es mal besser hast als wir.) Nach Umfragen im Freundeskreis entscheiden wir uns für eins fünfzig die Woche. Die Kleine bekommt 50 Cent. Immer sonntags soll Zahltag sein. Am ersten Sonntag ist die Aufregung groß. Das Geld wird vom Portemonnaie ins Sparschwein und wieder zurückgelegt. Es werden Pläne geschmiedet, welche Investitionen demnächst in den Kinderzimmern anstehen. Von Aquarien ist die Rede, von

Wer aufrundet, den belohnt das Leben mit strahlendem Lächeln.

Ponys, sogar von einem Cabrio für Mama. (Mama freut sich übrigens sehr, dass das Geld so sinnvoll angelegt werden soll!)

Am zweiten Sonntag wird das Geld genommen und ins Sparschwein gesteckt. Am dritten Sonntag fragt keiner mehr. Am vierten Sonntag vergesse ich es. Am fünften Sonntag stelle ich fest, dass wir Eltern einen Schuldenberg von vier Euro vor uns herschieben.

Dass das Geld beim Sohn dringend gebraucht wird, stellt sich heraus, als der Ball weg ist. Der gute Lederball. Ist in den Ferien abhandengekommen in irgendwelchen Büschen. Lange Suche, wenig Sinn, Junge weint, ein neuer Ball muss her.

Um die Wertigkeit eines Balls deutlich zu machen, entscheiden wir, dass er den neuen selbst bezahlt. Vom Taschengeld. Wie teuer der denn sei, fragt Fritz. »20 Euro«, antworten wir. »Tut ihr mir was dazu?« Wir rechnen nach. Der Junge müsste zehn Wochen, also zweieinhalb Monate, sparen, bis er den Ball zusammen hat. Dann ist Herbst. Dann macht Fußballspielen draußen nicht mehr so viel Spaß. »Ja gut«, meine ich. »Von mir kriegste sechs Euro.« Papa will nicht nachstehen: »Von mir auch.«

Also sind acht Euro vom Sohn zu investieren. Die hat er in der Spardose, das haut hin. Wir fahren los ins Ballgeschäft. Der WM-Ball ist reduziert. Von 20 Euro auf zwölf Euro. Sohn grinst. »Super, dann brauche ich ja gar nicht an meine Spardose!« Pädagogisch astrein vergeigt. Dafür kann der Junge rechnen.

Unter uns Pastorentöchtern – Eine echte Promi-Ente

s entstand in Bezug auf Prominenz folgende Erkenntnis: Prominent ist bei uns am Niederrhein der, der ohne Einladung zu einem Geburtstag kommen kann, ohne schief angeguckt zu werden.

Beweis: Meine alte Tante »Tanti« hat bis zu ihrem Tod mit 95 Jahren bei uns gelebt, also bei unseren Eltern. In ihrem Leben ab 60 gab es drei Prominente: Bobby von Pamm, den Bürgermeister und den Pastor. Der Erste ist der Bobby aus der Fernsehserie »Dallas«, die unsere Tante leidenschaftlich gerne geguckt hat und nicht begreifen konnte, dass dieser Bobby tot war und dann unter der Dusche merkte, dass er das nur geträumt hatte. Lockenbobby und seine Frau Pamm, so sprach sie das aus, waren ganz klar prominent. Hätten also jederzeit beim Tantengeburtstag aufschlagen können. Allerdings wären sie schief angeguckt worden, weil diese Konstellation doch Fragen aufwirft. Kommen wir zum Bürgermeister. Muss er schauspielern oder tanzen können, um prominent zu sein? Ja. Mitunter muss er schauspielerische Fähigkeiten haben und nach der Pfeife anderer tanzen. Und prominent ist er mit der Wahl allemal. Ebenso wie der Pastor. Weil er nach verbreiteter Tanten-These der Einzige zu sein scheint, der weiß, wo der Schlüssel zum Himmel versteckt liegt.

Sobald am Niederrhein ein Mensch ein gewisses Alter erreicht hat, kommt der Bürgermeister zum Geburtstag. Früher kam er ab dem 80., mittlerweile – der demografi-

schmückt sich nicht mit falschen Federn!

chend vorbereitet. Dann saß er im guten Wohnzimmer mit einem Likörchen, aß ein Stück Kuchen, bekam Kaffee und war vermutlich froh, als er wieder gehen konnte. In der heutigen Prominentenszene würde man diesen Auftritt »Meet & greet« nennen. Heute ist die Prominentendichte bei den Menschen größer geworden. Auch am Niederrhein. Die Dichte ist so dicht, dass ein Bürgermeister kaum durchkommt:

sche Wandel ist schuld! – wurde das Alter raufgesetzt. Andernfalls hätte der Bürgermeister öfter Likörgläschen in der Hand als die kommunalen Akten.

Für unsere Tante war es immer etwas Besonderes, wenn der uneingeladene Bürgermeister zum Geburtstag kam. Eben weil alle wussten, dass er kommt, ohne dass es jemand wirklich wusste, wurde entspre-

Ich habe unsere siebenjährige Tochter gefragt, wer für sie prominent sei. »Justin Bieber!«, war die Antwort. Nächste Frage: »Und der Bürgermeister?« Antwort: »Wer ist das denn???« Bis zu ihrem Geburtstag in zig Jahren, an dem er uneingeladen auftaucht, hat sie noch Zeit genug, das herauszufinden. Vielleicht ist sie's ja selbst.

Bürgermeister und Pastor

Kalli vonne Couch

Wir haben Kalli gefunden. Endlich. Nach monatelangem Suchen ist er das, was wir uns wünschen: ein kleiner, rauchergardinen-weißer, lockiger Pudel-Terrier-Rüde, den ich während des Mallorca-Urlaubs gefunden habe. Gott sei Dank nicht auf der Insel, sondern im Internet. In Geldern. Er ist unser erster Hund. Die Kinder haben ihn sich sooo gewünscht. Ich habe ihn mir sooo gewünscht. Mein Mann hat ihn sich … dann auch gewünscht. Jetzt lebt er bei uns und alles ist anders. Was ich lernen musste: Ein Hundewelpe ist kein Baby. Er braucht nicht alle vier Stunden eine Mahlzeit, er muss kein Bäuerchen machen, er muss auch nicht auf dem Arm herumgetragen werden. Er muss eigentlich »nur« eins: ordentlich erzogen werden. Und darum dreht sich unser Familienkarussell im Moment. Morgens gibt's kein fröhliches Wecken für die Familie, sondern ein hektisches Treppenunterrennen, weil der Hund schnell raus muss! Meine erste Tasse Kaffee trinke ich draußen. Tasse in der einen, Leine in der anderen Hand. Und ich merke, wie sich die Wertigkeiten verschieben: Wenn dieser Ausgang den Stuhlgang des Hundes in die Gänge bringt, ist mein Tag sehr gut gestartet.

Dieser Aktionismus schützt uns natürlich nicht davor, regelmäßig Bächlein und Häufchen im Haus anzutreffen. Wobei ich mit Stolz behaupte: Ich rieche zehn Meter gegen den Wind, ob unser Hund es rausgeschafft hat oder nicht.

Das sind die lästigen Erziehungspflichten.

Es gibt auch viele heitere: Beim Putzen hängt er als knurrendes Knäuel am Schrubber, er legt sich mit dem Schubkarrenreifen an und er glaubt, er sei stärker als eine Anhängerkupplung. Er bekläfft die Gänse und ist sich trotz seiner Größe von nur 20 cm sicher, er könne ein zehn Meter tiefes Loch graben. Okay, das Ergebnis einer Fleißarbeit hat er uns schon gezeigt: Wir wissen jetzt, in wie viele Teile man den Plümmel einer Plümmelmütze zerlegen kann. Und dass ein Leberwurstbutterbrot runterschluckbar ist, ohne zu kauen und anschließend daran zu ersticken.

Wenn er dann den Kopf schräg legt und mit seinen braunen Knopfaugen guckt, dann hätte er Castingchancen bei Disney. Und einen Riesenvorteil hat Hundemutterwerden: Rückbildungsgymnastik nicht nötig! Ein Freund fragte mich jetzt, ob unser Hund nach diesen ersten drei Wochen schon adelig sei. »Kalli von der Couch«. Bei uns ist es eher der imperative Adel: »Kalli, vonne Couch!«

König ist, wer oben sitzt.

What a peeling – Wellness zum Rheinlegen

Ob sie mir nicht den Rücken massieren wolle, frage ich unsere achtjährige Tochter, während ich mich schon erwartungsfroh auf dem Sofa drapiert habe. »Was kriege ich dafür?«, ist ihre erste Frage. »50 Cent«, antworte ich und damit ist das Geschäft gemacht.

Schnell werden aus dem Badezimmer diverse Hautcremes, Peelings und Lotionen geholt. Darunter auch die Fußschrundencreme und das kühlende Gel gegen heiße Füße. Das alles soll meinen Rücken total »wellnessen«, wie unsere Tochter meint.

Die richtige Musik findet sie auch wichtig

DJ-Bobo-Wellness

dabei. Und dass es dunkel ist. Also werden im Wohnzimmer die Rollläden runtergelassen, die Musik wird aufgelegt: »Après-Ski-Hits der 90er Jahre«.

Ich finde mich im dunklen Wohnzimmer wieder, DJ Bobo wummert in mein Hirn, und die kleinen Tochterhände sausen recht gekonnt über meinen Rücken.

Mit schmatzenden – wegen des DJ-Bobo-Soundteppichs schlecht zu hörenden – Geräuschen, verursacht von der Riesenmenge an glipschigem Pflegezeug, unterhält sie mich. Und überrascht am Ende mit der Erkenntnis, dass Wellnessarbeit ja eher

was sei für Hobby. Nicht für richtig. Für richtig sei Schauspielerin besser. Aha.

Sagt's und hält mir nach sagenhaften fünf Wellnessminuten ihr Sparschwein unter die Nase, in das ich nun 50 Cent reinstecke. Übrigens ein Sparschwein, auf dem sogar »Wellness« draufsteht und das wir dann schlachten, wenn die Schauspielschule bezahlt werden muss.

So lange will jetzt auch ihr Vater massiert werden. Aber da ist die junge Unternehmerin rigoros: Papa muss mehr bezahlen, weil der Rücken viel, viel größer ist! Vom Bauch hat zum Glück niemand gesprochen …

Die Güllepfütze

Ein Sonntagsspaziergang mit dem Hund durch die Felder. Der soll die zündende Idee für eine Kolumne zum Thema Land bringen. Die Alternative wäre ein Kirchgang gewesen, der auf mich mitunter inspirierend wirkt. Okay, manchmal auch einschläfernd. Oder ein deftiger Sonntagsfrühschoppen am Dorftresen, aber der fällt mangels Anlass aus. Frühschoppen gibt's für Nicht-Landwirte nur zur Kirmes. Oder wenn die Feuerwehr Jubiläum hat. Oder der Fußballverein Sommerfest. Oder der Reitverein ein Turnier ausrichtet. Oder der Karnevalsverein die Aktiven einlädt. Kommunion, Konfirmation, Erntedank oder ein popeliger Geburtstag würden auch reichen, aber nichts von all dem steht an diesem Sonntag an. Und wie ich darüber nachdenke, wohin ich gehen kann, um an einem Sonntagvormittag eine Quelle der Inspiration zu finden, ist Kalle weg. Kalle, unser Hund. Ein heller, kleiner, lockiger, stets fröhlicher Terrier-Pudel-Mischling. Er läuft nie weg, solange er an der Leine ist. Ohne Leine ist seine Neugier mitunter größer als der Verstand. Und so entdecke ich ihn in der Feldwegsfurche. Da hat er seine persönliche Quelle der Inspiration gefunden: in der Kuhle voller Gülle. Kopfüber ist er reingesprungen und dreht sich, suhlt sich, quiekt wie ein Ferkel, sieht auch so aus, vom Geruch ganz zu schweigen. Mit spitzen Fingern ziehe ich ihn aus seinem Bad der Glückseligkeit, trotte schimpfend mit ihm nach Hause. Nach einer Dusche mit Duftkiller-Shampoo und

als Inspiration

Föhnen ist Kalle sauer. Und ich denke: Super, die Zeit, die Kalle sauer ist, nutzt du, um die Kolumne zu schreiben. Über Quellen der Inspiration, und dass die für jeden etwas anderes bedeuten.Und dass die auf dem Land durchaus Gerüche an sich haben, da hat der Städter überhaupt keine Vorstellung … Aber wichtig ist ja, was hinten rauskommt. In diesem Sinne: Frohe Ostern!

Besser auf den Hund kommen, als vor die Hunde gehen

*W*issen Sie nachträglich, was an einem bestimmten Tag in Ihrem Leben passiert ist? Ich eigentlich … schon. Aber ich archiviere mein Leben nicht nach Daten. Bis heute weigere ich mich, meine Termine über einen digitalen Kalender zu organisieren. Ich habe eine Ledermappe. DIN-A-5 groß. Da ist alles drin: der Kalender, ein Haufen Zettel, Postkarten, Einladungen, Zeitungsausschnitte, Fotos. Alles. Und ich behaupte: Ein Termin, den ich mit dem Stift und mit der Hand aufgeschrieben habe, der ist in meinem Kopf.

Nun bin ich kein Manager, der sich am Tag mit 15 Terminen rumschlagen muss, aber die Taktung ist dennoch ordentlich. Weil ja auch die Termine drinstehen, an denen die Tochter die Zahnspange gerichtet bekommt, der Sohn zum Friseur geht und der Hund die Impfung braucht. Auch die Frist, zu der die nächste Reise bezahlt werden muss und wann meine Freunde vom Finanzamt das nächste Mal abbuchen wollen.

Bei uns zu Hause ist das mitunter schwierig: Mein Mann ist komplett digital gesteuert und ohne sein Handy (und damit seinen Kalender) völlig hilf- und orientierungslos. Frage ich ihn sonntags, was nächste Woche besonderes ansteht: Achselzucken. »Da muss ich erst mein Handy holen.« Ich kann dann sagen: »Juhu, ich habe einen Massagetermin!«. Weil ich den nicht nur in mein Lederbuch eingetragen habe, sondern auch ein putziges Blümchen daneben gemalt habe.

Wir haben versucht, uns zu synchronisieren.

Mein Kalender

Schreiben macht den Kopf frei.

Ich habe mir seinen Kalender auf meinem Handy freischalten lassen. Damit kann ich ihm theoretisch meine Termine in seinen Kalender tippen und ihm welche aufs Auge drücken. Aber ein so großes Maß an Fremdbestimmtheit möchte ich keinem Menschen zumuten. Also bleibe ich bei meinem doch recht sperrigen Lederdings und kann Ihnen sagen, Moment, kurz blättern: Am 23. März habe ich Sendung bei WDR 2, war tags zuvor bei den Landfrauen in Neuss, davor habe ich in Recklinghausen den Comedy-preis »Hurz« verliehen und hatte da hoffentlich die Wäsche weg, weil ich am Wochenende erst aus dem Skiurlaub in Obertauern gekommen bin. Zwei Tage drauf ist WDR 2-Hausbootparty in Köln auf dem Schiff, dann wieder Sendewoche ...

In der ersten Maiwoche steht übrigens überhaupt nichts! Schreibe ich im Januar. Und wenn ich da jetzt Blümchen hinmale, dann schreibe ich bestimmt was anderes drüber. Aber das Malen allein ist schon Freiheit. Für den Moment.

m es vorneweg zu sagen: Unser Internet hat den Namen nicht verdient. Bambusleitung. Eine Mail kann ich besser ausdrucken, in ein Kuvert stecken und dem Briefträger mitgeben, als sie übers WWW zu schicken. Zwischen fünf und 15 MBit haben wir hier aufm Hof. Nachdem wir für teuer Geld aufgerüstet haben: Mast auf dem Dach, Hybrid und so. Vorher: 0,4 MBit. Das ist ein Brieftaubenschiss.

Ich habe im Oktober angefangen, die zwölf Fotos für den Foto-Weihnachtskalender hochzuladen! Mit Neid gucken unsere Kinder auf die Nachbargemeinde, die mit 100 MBit unterwegs ist, möglich sind 1.000! Damit ist die Grundsituation geklärt. Pubertierende Kinder mit miesem Internet. Jeden Tag Genöle, weil Downloads, Uploads und Upgrades nicht funktionieren. Oder wir sitzen gemeinsam vorm Fernseher, um zeitversetzt »The Voice of Germany« über den Internetstick zu gucken. Dann müssen alle

Manche Brieftaube …

… schnell …

Internet

… ist sehr …

… müde.

Handys und Laptops aus dem Netz raus, damit wir ein fließendes Bewegtbild haben. Das erinnert ein bisschen an »Unsere kleine Farm« damals, als Familie Ingalls auf Strom gewartet hat.

Unser Sohn hat seinen Berufswunsch deswegen schon an den Nagel gehängt: Er wollte ein berühmter YouTuber werden. Er wird später erzählen: »Das ging nicht. Mein Elternhaus gab das nicht her. War mit diesem Wunsch völlig überfordert.« Und die Tochter träumt davon, später eine berühmte Schauspielerin zu sein. Allerdings werden ihre Selfie-Video-Bewerbungen nie bei einem Entscheider ankommen. Und wenn, dann ist sie erwachsen und schon Bankkauffrau.

Ich werde diesen Text per Mail an den Mercator-Verlag schicken u.d hof.e, a.l.es ko...t a.!

oll noch einer sagen, wir Niederrheiner hätten mitunter eine
Akkusativ-Schwäche! Hier der

Gegenbeweis: Stern. Irgendwas mit Stern.
Das war die Ansage für diese Kolumne. Für
die ich hopplahopp mal eben was schrei-

ben soll. Ich habe hin und her überlegt. Bis mein Mann sagte: »Stern, ganz klar. Für dich ist Stern doch immer der Stern, der deinen Namen trägt!« Und er hat recht! Das Lied ist mein Lied. Da kriege ich gute Laune, dann muss ich singen, tanzen und lachen. Das Lied tut mir gut. Ich spiele es gerne im Radio (zweimal im Jahr), und zweimal im Jahr steigen mir einige Hörer aufs Dach, verlangen fristlose Entlassung. Dann muss ich mit AC/DC Wiedergutmachung leisten. Andere sind glücklich, weil sie es genauso super finden. Wie dem auch sei: »Ein Stern, der deinen Namen trägt, hoch am Himmelszelt, den schenk' ich dir heut' Nacht.« Singt der da, der DJ Ötzi. Und das ist grammatikalisch nicht astrein! Es müsste ja »einen Stern« heißen, weil man den verschenken kann (wen oder was verschenke ich? Einen Stern!). Gemerkt! Und das als Niederrheiner, wo uns doch gerne die grammatikalischen Knubbel vorgeworfen werden. Mit diesem frisch erworbenen und selbst gefundenen Wissen habe ich gleich im Internet nach dem Liedtext gesucht. Und da steht immer »einen Stern«. Jetzt habe ich die Wahl: DJ Ötzi nuschelt oder die Liedtext-ins-Internet-Setzer wollen ihm eine Peinlichkeit ersparen. Wie dem auch sei, bald ist Karneval und dann ist es ohnehin egal.

Bis dahin können wir eine andere Textzeile nehmen, da geht's um den Stern, der deinen Namen trägt, alle Zeiten überlebt und über unsere Liebe wacht.

Es gibt schlechtere Texte für die Weihnachtszeit.

Ein Stern

Kinder, welche Fragen habt Ihr eigentlich über den Niederrhein?«, will ich von unseren beiden wissen. »Wann hier endlich die Weltmeisterschaft hinkommt!«, meint Fritz (8 Jahre) wie aus der Pistole geschossen. »Was für 'ne Weltmeisterschaft?«, frage ich ihn. »Boah Mama!«, ist die Antwort. Es gibt nämlich nur eine Weltmeisterschaft für ihn und die gehört zum Fußball. »Irgendeine andere Frage?«, möchte ich noch wissen. »Ob ich zu Weihnachten das Schiff von Dschänrälgräffs, den Klonturbotäng und das Mändelorienn Bättelpäck kriege.« Ich halte inne, ziehe eine Augenbraue hoch und falte die Stirn. Meine Mimik beim kompletten Verständnisversagen. Ich habe kein Wort verstanden. Weder akustisch noch inhaltlich. Ich habe keine Ahnung, in welcher Sprache mein Sohn mit mir spricht. Das Wort »Weihnachten« ist mir ein Begriff, aber nicht im September!

Also setze ich mich zu ihm aufs Sofa. »Noch mal, was wünschst du dir?«

Er wiederholt das Ganze. Jetzt verstehe ich immerhin, dass zwischen Dschänräl und gräffs eine Pause ist.

Mein Mann springt mir wissend zur Seite: »General Graves von Star Wars.« Aha! »Und was ist Klonturbotäng?« »Das ist der Clone Turbo Tank von Star Wars.« Okay. Jetzt noch Mändelorienn Bättelpäck. Langsam schwant mir, dass Bättelpäck auf Englisch Battlepack heißen soll.

»Genau«, mein Mann ist voll im Bilde, »Mandalorian Battle Pack. Auch von Star Wars.«

Fragen über Fragen

Schäddo in the sun

Ich seufze. Und muss auch lachen, weil ich mir das arme Christkind vorstelle, wie es auf einem Schiff von General Graves geboren wird und statt der drei Könige die mutigen Battle Packs auf ihrem Clone Turbo Tank angefahren kommen. Sie konnten leider keinem Stern folgen, weil der Star im War war …

PS: Währenddessen kommt übrigens unsere Tochter ins Wohnzimmer. Mit einem Babykätzchen auf dem Arm, das auf dem Hof meiner Eltern geboren wurde. »Das ist Schäddo. Darf ich die behalten?«, fragt sie. Ich freue mich. Das ist eigentlich die typische niederrheinische Hofkinderfrage, mit der ich gerechnet hatte. Okay, der Katzenname ist vermutlich auf dem Mist von Dschänrälgräffs gewachsen.

»Mama-Papa-Wunschzettel«, so die Überschrift des Schriftstückes, das mir unser zehnjähriger Sohn in die Hand drückt. Ich bin gerührt. Sechs Wochen vor Weihnachten. Als ich das Papier auseinanderfalte, die Ernüchterung: nix Krickelkrakelhandschrift mit gemalten Kerzen auf grünen Zweigen! Es ist ein Computerausdruck. Sechs Wünsche hat er untereinandergetippt. Sie sind unterschiedlich farblich markiert, und in Klammern steht eine »Besorgungsempfehlung«. Beispiel, wörtlich: »Playstation 3 (PS3 mit 12 GB, gleich die Erste, wenn du sie bei Amazon eingibst)« Aha. Im ersten Moment will ich empört sein, aber dann sagt mein Verstand: Hey, super, dann geht das mit den Geschenken ja ratzfatz! Und

Der einzig wahre Warenkorb für wundervolle Weihnachtswünsche

außerdem hatte er den Anstand, nicht den Preis dazuzuschreiben! Dann stehen auf dem Wunschzettel, oder eher der

»Besorgungsempfehlung«, noch Spiele für die Konsole und der Hinweis: »Alle rot markierten Wünsche gibt's bei Amazon.« Ich gucke in meinen Account bei dem Laden und bin erleichtert, dass die Produkte noch nicht im Warenkorb liegen, mit dem Kreuzchen bei »als Geschenk verpacken« und ich nur noch auf »bestellen« drücken muss. Während ich das hier schreibe, fällt mein Blick auf den Schreibtisch. Hier liegt noch ein Zettel von unserer achtjährigen Tochter. In Krickelkrakelhandschrift steht »Wunschzettel« obendrüber. Wieder bin ich gerührt und lese, was da steht: Bibi Blocksberg von Seite 133 und Mikroskop von Seite 95. Keine Ahnung, welche Seite von wo. Was meint sie eigentlich? Und wo in Herrgotts Namen soll ich das besorgen? Ich werde unseren Sohn fragen.

Und nun habe ich auch noch einen Wunsch: Bitte gehen Sie in die Einzelhandelsläden Ihrer Stadt. Weihnachtseinkäufe im Internet sind wie Karneval ohne Schunkeln.

Auch Engel brauchen Postboten.

Das Christkind sei wieder in Engelskirchen und man könne ihm jetzt Briefe schicken, so die Nachricht des Morgens. Tochter (9) ist gleich Feuer und Flamme und schreibt einen Brief, sie malt dazu und bastelt, und er kann gar nicht schnell genug zur Post gebracht werden. Sohn hingegen, 11 Jahre,

Briefe an das Christkind

guckt eher gelangweilt von seinem Smartpad-Dingsbums auf, unterbricht ein offenbar wichtiges Level der Minecraft-Ressourcensuche und meint: »Es schickt doch sowieso allen die gleiche Post zurück.«

Aha. Das hat er behalten. Seit fast zehn Jahren schreiben wir dem Christkind und jedes Mal kommt was zurück: ein netter Brief, ein Gedicht, was zum Ausmalen. Alle Schreiber werden gleich behandelt. Egal, ob eine Postkarte beim Christkind ankommt oder ein ausgewachsener Brief – haben wir alles ausprobiert.

Dass in Engelskirchen zehn Mitarbeiter zugange sind, die Flut von Briefen anzunehmen und das Serienantwortschreiben – das übrigens auf christkindisch getrimmt ist, mit süßen bunten Bildchen und Krakelschrift – auf den Weg zu schicken, das wollen meine Tochter und ich gar nicht wissen. Viele Eltern sind sogar der Meinung, die Kinder **sollen** es gar nicht wissen. Als ich dann nämlich im Radio erzählt habe, dass das Christkind wieder »available« sei und Post entgegennähme, dass es im digitalen Zeitalter aber eigentlich hipper sei, mal über skypen nachzudenken, da kam gleich böse Post von einer Mutter: Sie habe mit ihrem Kind am Frühstückstisch gesessen und jetzt müsse sie ihrem Kind erklären, warum die Frau im Radio das so gesagt hätte. Was eigentlich skypen sei.

Tja, Mutter 4.0, dann erklär' mal.

Steffi Neu, Jahrgang 1971, wuchs auf dem elterlichen Hof in Uedem im Kreis Kleve auf. Sie liebt den Niederrhein, das Landleben und die Menschen der Region. Deshalb lebt sie noch immer dort – heute zusammen mit ihrem Mann und ihren beiden Kindern. Steffi Neu arbeitet als Journalistin und Autorin sowie als Moderatorin beim WDR in Köln.

Christian Behrens, Autor und Fotograf, ist seit 1996 mit seinen erfolgreichen Kleinkunstprogrammen am Niederrhein unterwegs (www.kleinewelten.de).

Die kleinen Bücher ... unendliche Geschichten

Das Jahr der kleinen Welten
ein niederrheinisches
Bildergedicht von
Christian Behrens

**Das kleine Buch vom Leben
am Niederrhein**
mit Texten von Christian
Behrens und Zeichnungen
von Sabine Abel

**Das kleine Buch vom Genuss
am Niederrhein**
mit Texten, Rezepten und
Illustrationen von Sabine Abel

**Das kleine Buch von
Weihnachten am Niederrhein**
mit Gedichten, Erzählungen und
Rezepten für die Weihnachtszeit

**Das kleine Buch vom
Gartenglück am Niederrhein**
mit Fotos von Hans Glader und
Texten von Christian Behrens

**Das kleine Buch vom Kindsein
am Niederrhein**
mit Texten und Fotos von
Steffi Neu